AF192962

En el vuelo de un albatros errante

En el vuelo de un albatros errante

María Jesús Montalvo

TEXTOS
María Jesús Montalvo

PORTADA
Lily Vainylla (@lilyvainylla_)

MAQUETACIÓN
Andrea Gómez Expósito

NÚMERO DE EDICIÓN
Primera

EDICIÓN
Postdata Ediciones

ISBN
979-13-990132-5-2

DEPÓSITO LEGAL
V-2166-2025

A los míos —mis imprescindibles—,
a su memoria —mi necesario él—,
a los primeros 150,
a los que decidieron sumar
y a los que sumarán.

«Morire come le allodole assetate
sul miraggio

O come la quaglia
passato il mare
nei primi cespugli
perchè di volare
non ha più voglia

Ma non vivere di lamento
come un cardellino accecato.»

«Morir como las alondras sedientas
en un espejismo

O como la codorniz
una vez atravesado el mar
en los primeros arbustos,
porque ya no siente
el deseo de volar

Pero no vivir de lamentos
como un jilguero ciego.»[1]

_____

1   (*Agonía*, por Giuseppe Ungaretti)

Nota de la autora

No, los sueños no siempre se cumplen. Ni si se persiguen, se consiguen ni es cuestión de esfuerzo y tesón, también intervienen otros factores como: el talento, la oportunidad y hasta la suerte.

Si todos los sueños se cumpliesen, los llamaríamos acciones.

Y, por otro lado, hasta puede llegar a ser una suerte llorar un sueño no cumplido, porque cuando alguien fantasea lo hace, necesariamente, desde el conocimiento, desde la conciencia de su existencia, bien porque lo ha visto o bien porque conoce a alguien que llegó a alcanzarlo.

Un sueño incumplido puede llevarnos a algo mucho mejor que no nos atrevimos a soñar o que ni tan siquiera sabíamos que el camino que nos ha permitido llegar era transitable.

La prueba es que este poemario es el resultado de un montón de sueños incumplidos.

La suerte

La suerte no se esconde
detrás de una herradura.

La suerte no es esquiva
ni tampoco infinita.

La suerte, en sí misma,
es respirar la vida.

Lo que escribo…

Soy

El jeroglífico sin descifrar;
el mensaje a la deriva,
en una botella, flotando en la mar;

las siete diferencias sin encontrar;
la carta sin sello que nunca llegó;
la partitura que nadie interpretó;
el diario olvidado dentro del cajón;

un montón de letras,
juntando palabras
que nadie leyó.

Soy

lo que quise ser,
pero nada soy;
la que quiso ser,
pero nada fue.

In memoriam

Alzo mis ojos al cénit
descartando estrellas
hasta localizar aquella
en la que nos reconocemos.
Entre esa multitud de luces,
solo tú y yo nos entendemos.

Trato de cruzar nuestras miradas
con el afán de presentir
tu gesto callado,
aprobando los pasos
que he ido dando.

No concibo revelar
un resplandor de reproche
al errático destino
al que mis decisiones me llevaron.
Te miro, te busco, te pienso
y no encuentro el ansiado abrazo.

Bajando la cabeza,
dirijo ahora la mirada
hacia mis vacías manos
y entre sus líneas me pierdo
buscando dónde predijeron
que tendría que vivir
con el corazón dañado.

Y tú, en mi recuerdo,
y yo huérfana de ti,

en desamparo de tus labios
y del empuje de tu credo.

Deambulando

Se ha desposeído
la mañana de prisas
al quedar vestida de calma.

Ha desoído los ruidos
que van inundando su casa
de otras vidas que despiertan,
tal vez,
con ganas de comerse un mundo
del que hoy se antoja saciada.

Ha mirado,
a través de la ventana,
y se ha imaginado un mar
salpicando su mirada,
percibiendo aquel olor
de los bosques de su infancia.

Ha querido cambiar
el ladrillo de los pisos,
por una naturaleza
que la invite a caminar
con el aire juguetón
arrebolando su cara,
imaginando que avanza
hasta encumbrar la montaña.

Ya ha soltado la cortina
y, vuelta a la realidad,
se ha dispuesto a hacer la cama.

Ha cambiado el camisón,
por una chaqueta clara
y ha salido a pasear
entre calles asfaltadas.

A prueba

Fría...
   ...silenciosa.

Tan solo un pitido rítmico
se atreve a romper la ausencia
de cualquier otro sonido.

Toda una apuesta al blanco
o a cualquier tono indiferente,
carente de alegría.

Y yo allí, sola,
en pletina por cama
deshumanizada de sábanas, sobria
e igualmente fría como la nieve
impoluta, inmaculada, alba,
casi transparente,
y estrecha como estera de pasillo.

Y el miedo,
capaz de asustar hasta al gemido,
va libando la sangre
dejando laxos los tejidos,
sin tono ni brillo.

La rigidez impuesta,
el movimiento retenido,
incapaz de ahuyentar fantasmas
que acorralan el sentido.

El dolor abriéndose paso,
manteniendo la mente
controlado al grito.

La soledad
abrazada a mí,
redoblando mis latidos.

Minutos
que se vuelven horas
y el reloj con un tic, tac
monótono y anodino.

El aire que sale,
a bocanadas cortas,
tratando de acelerar el fin
desde el mismo principio.

Permanecerá el temor conmigo,
hasta mucho después
de escuchar el último silbido.

Los *ahoras* desfasados

Ahora, ya estando edifica
en construcción inacabada,
que me hayo en el contorno
del meridiano de mi vida.

Ahora que cayeron,
demasiado pronto,
los andamios que me sustentaban
dando sentido
e impulsando mi estadía.

Ahora que me pierdo
entre lágrimas de melancolía,
georreferenciando
los límites de la apatía.

Ahora que forzando la sonrisa
camuflo mi letargo
disfrazando
de entereza la morriña.

Ahora que perdí mis referentes.
Ahora que mi tiempo se detiene
y retrotrae a un pasado
que con gusto y a placer rescataría.

Ahora es cuando reparo
en las vidrieras y ventanas
de esta construcción
que me cobija.

Ahora que descubro al otro lado
unos ojos que me miran
con admiración, orgullo
y su puntito de envidia.

Ahora que consciente
al arrojo y fortaleza
que demuestro cada día
me amarro a esa mano tendida,
desplegando mi alegría.

Impulsando al exterior la soledad,
que habitando en mí reconocía,
abro puertas y lucernas
afianzando travesaños
e imprimiendo holgura a mis días.

No, no estoy sola.
En el cielo y en la tierra
tengo gente que me guía.

Alegría

Pesa la angustia
haciéndose de las tripas dueña,
manda sobre el cuerpo,
dejando loca a la cabeza
dando vueltas:
sobre la almohada;
sobre sí misma;
sobre la misma idea;
una vez tras otra,
trucando la noche a día
o tornando los días
oscuros como las sombras.

Pesa la angustia
dejando arrinconada,
acogotada y acorralada
a la alegría,
que pugna por expandirse
al torrente sanguíneo
haciendo brillar,
a destellos de luz,
unos ojos que, por la pena,
cumplen condena
su agonía.

Pesa la angustia
que obliga a demorar
la dicha de esforzarse
por esgrimir una sonrisa.

Pesa la angustia
manteniendo las palabras
de protesta agazapadas,
mientras sigue recibiendo
los agravios disconformes
de otra vida.

Pesa la angustia
al cargar sobre mis hombros
la tuya
que, insistente y a la mínima,
ansías hacer mía.

Pesa en mí tu angustia
declarándose de mí
en retirada mi alegría.

A la deriva

Me he perdido
en los confines de lo incierto,
petrificado
en las mentes enraizadas
de enseñanzas rancias
de épocas pasadas.

Me he dejado llevar
por la marea,
para no desentonar
de lo que de mí se espera.

Mientras,
en la soledad de la mente
en la que habitan mis ideas,
he imaginado
un mundo diferente,
más libre, feliz y sin máscaras
ni frases que despisten
de lo que guardo atesorado
silenciado bajo los candados
de lo consciente
que al mundo expongo
orgullosa, valiente
y cumpliendo
con los parámetros
de lo que dice desear la gente.

Me he vestido con la ropa
y calzado los zapatos

del que pisa las baldosas
con pasos firmes,
con la cabeza erguida
y el pecho henchido de orgullo
y a punto de estallar
de altanera cordialidad.

¡Pobre inconsciente!,
ama, dueña y señora
de su triste realidad,
viviendo en clandestinidad.

Solo yo

Solo yo,
anudé cruzados
los cordones de mi calzado
y terminé dando traspiés.

Solo yo,
puse un pie
delante del otro,
haciéndome caer.

Solo yo,
me até la soga al cuello
y en ella me balanceé.

Solo yo,
soy mi enemiga
y no me puedo comprender.

Solo las letras
guardan los motivos
para volver a creer
y permitir renacer.

Empatizo con...

Empatizo con cada mirada,
con cada palabra,
con cada sueño;
de los que partícipe me hagan
y cuenten a la cara:
con emoción,
con esperanza,
con ese deseo ardiente
de convertir el afán
en algo tangible a los sentidos
y a la ilusión exaltada.

Igualmente, la pena
me hace acariciar el alma:
la desdicha,
el desconsuelo, el miedo,
la angustia,
que hace angosta la garganta
y revierte en río de lágrimas,
permitiendo que en lodazal
dancen las ánimas.

Y empatizo con el silencio
de aquel que todo lo calla,
del que no percibes nunca
la alegría o destemplanza,
que se debate los días
en el alambre inestable
del que penden las palabras
cuando no hay oídos dispuestos

a ordenarlas
y cuando la desolación
no le permite aplacarlas
y verborrea la vida
sin pararse a disfrutarla.

Y empatizo,
¿cómo no?,
con el que incapaz se proclama,
de sufrir por el que pierde
y no envidiar al que gana;
por tener un corazón
recluido en una caja,
sin permitir que acelere
ni amenazar con saltar
en arritmia desatada.

El tiempo

Que alguien lo pare un momento,
que yo preciso una tregua,
para todo lo que tan rápido se va
y necesito que vuelva.

Titilan las manecillas
en avance demencial
un segundo y otro
y otro más.

Los segundos ya se han ido,
los minutos por la puerta salen ya
y las horas preparadas
no consigo rezagar.

¡Qué fue de aquella chiquilla
que soñaba con llegar!,
que quería hacerse grande
y que amaneció mayor
sin apenas alcanzar
los sueños que allá tejió
y no consiguió realizar.

El paso de los instantes
le ha pegado un revolcón,
como las olas del mar
cuando pillan a traición.

Intento de correr mucho
que la realidad aplacó.

Ahora quiero saborear
cada avance del reloj,
a ese que no se detiene,
ese que a nadie escuchó.

Tengo

Tengo el cuerpo saturado
de piel recosida,
de cicatrices y heridas,
de pérdidas, de milagros
y de misterios de vida.

Tengo el corazón
colmado de fantasías
y el alma vagabunda
de mis días.

Tengo mucho amor guardado,
que de lo poco que vale,
ya ni regalado.

Tengo la cabeza llena
de pájaros que trinan
canciones sin sintonía.

Tengo superávit de sentimientos
que mueren en el cajón
un día tras otro día.

Tengo,
que de tanto tener,
llego a sobrarme yo misma.

Cuando llega la duda

Ahora que sé
que le gusta mantenerme
al borde de mi memoria
permitiendo
que se extienda la duda
abocada a un precipicio
por el que cada día voy cayendo,
mientras juega
a borrarme de los labios
el rastro de aquel término,
que aún recuerdo
dejar archivado en mi cerebro;
llenando de desconcierto
ese momento;
buscando la palabra,
que no encuentro,
hasta desplegar las alas,
evitando estamparme
contra el suelo.

Y bebo de otras fuentes
que alivian la sed
que estoy sintiendo,
permitiéndome expresar
lo que necesito y quiero.

Consciente de que nunca
conseguiré ganarle
esta batalla al tiempo,
sigo tratando de salir airosa

remontando el cielo,
una y otra vez,
con mi errante vuelo.

Ya no soy

Se paró el tiempo,
ya no pasan
las horas del reloj,
aunque no paren;

ya no temo
la vejez en mi interior,
aunque las arrugas
no pretendan ocultarse;

ya mis ojos
no lloran de dolor,
aunque la pena
no cejó en lacerarme;

ya no siento
ni un poquito de rencor,
porque de sentir
solo vive el aire.

No, ya no sufro
por todo lo que fue,
pues de todo lo vivido
se curtió mi carne.

Ya no.
No soy
nada
ni nadie,
para nada

ni para nadie.
Ya soy.

Lo que se dice…

Estado civil: cobarde

Que no te empape el agua,
que no te mueva el aire,
que el viento no sacuda
las ganas de arroparte.

Que no se te haga eterna
la cuesta inexpugnable.
Que no degustes nunca
las lágrimas cobardes.

Que las palabras pasen
y su eco no te dañe,
sin nada que te afecte,
con todo que resbale.

Que siendo transparente
nadie podrá fallarte
y nunca apreciarás
la ira y el desaire.

Estanco a los sentidos,
permeable al devenir;
sin remontar caídas,
que un día te hagan grande.

Pervive chiquitito
y siempre siendo nadie;
protégete del mundo,
que el mundo no te engañe.

Y no querrás quererte
y no sabrás amarme,
pero mantente firme
y sigue siendo libre,
sin ser nunca de nadie.

Cumpliendo tu condena,
que ahí siga la pena,
bandera de tu vida,
bastión de tu estandarte.

Da brillo a tu coraza,
cegando las miradas,
evitas que se acerquen
y puedan deslustrarla.

Que intensos los destellos
les haga desistir
de osar a tal ultraje.

Mantenla bien pulida
y cíñela en desgana,
para que no te inviten
—tendiéndote una mano—,
tratando de salvarte.

Persiste en tu apariencia,
insiste en tu firmeza,
viviendo sin sentirte,
sabiéndote de nadie.

Desánimo

En el revoloteo displicente
de una mosca ociosa.
En su zumbido incansable,
desagradable al oído.
En el calor sofocante de la tarde,
volviendo fatigosos los sentidos.

En el sudor que por los poros
a raudales sale,
únicos que en este ambiente tedioso
no permanecen adormecidos.

En esta soleada soledad de estío,
aún me acompañan los pesares
por todo lo que añoré ser
y no he sabido.

Por la altivez de miras
que el tiempo me ha vencido
y por todos los sueños pergeñados,
que enterrados bajo hollín
han sucumbido.

Una falsa placidez
me mantiene confiando a la suerte,
en un otoño capaz
de presentarse más generoso
y complaciente,
baza de triunfos en las manos,
premio a un esfuerzo desgastado

cuando al final de una vida,
y ya sin ánimo,
me permita finar correspondido.

Luna vencida

Muerde la noche
a la menguante luna
y en efímera silueta
de tenue brillo
de un hilo la pende,
dejando
al albur del destino
la fuerza
que su madurez
desprende.

Ingrávidas almas
que al todo o nada
apuestan su suerte,
arrinconando sus miedos
cuando la luna se crece
haciendo frente
a la oscuridad
sin permitir —entre sombras—
desvanecerse.

Cuando no se llena
la luna,
a cada mortal,
la noche vence.

Desengaño

Fue un juego,
una patraña,
una quimera sin esperanza.

Unas cartas marcadas,
los dados trucados
y una calle tapiada.

Un montón de «te quieros»,
vacíos de sentimiento,
colmados de mucha labia.

Bocanadas de oxígeno cristalizado,
el aliento mermado
y pintada de añil la mirada.

Fue un querer sin querer,
queriendo por todo
y por nada.

Fue lo que nunca quiso tener
y lo tuvo a paladas,
sin comprender lo que fue
ni qué le hizo dar la espalda.

Aún queda camino por recorrer
e historias por completar,
que como dice el refrán:

«Hasta una patada de nalgas,
invita a alzar la mirada
dando impulso para avanzar».

El reencuentro

Fiel a las ascuas
la hoguera
y a la ola la marea.

Fiel al telar la aguja,
como lo es la araña a su tela,
así como la mirada atenta
al instante del rencuentro
de dos cuerpos.

La piel cansada de él,
agotada por la lucha,
torna tersa con el devoto gemido
al liberar el elixir de su sexo.

Ella de enhiestos pezones
turgentes a la excitación de sus senos,
rendidos a las caricias
y a los labios en sus besos,
entregados al orgasmo
y al disfrutar del momento.

Atrás quedaron las guerras,
fieles de batallas y miedos,
sentados en el banquillo
los pretendientes al reino
con «dos palmos de narices»
vencidos y heridos
en su fuero interno.

Se mostraron azorados
siendo reos de sus nervios,
que abatidos claudicaron
al presentir —tras la puerta—
cómo de tórrido resultaba
tan desesperado tropiezo
entre el legendario Ulises
y Penélope enamorada,
fieles a su amor eterno.[2]

---

2   Inspirado en la obra *Penélope* y los pretendientes de
John William Waterhouse.

51

El desvelo

Va lamiendo la noche
la desazón en mis venas,
atronador run, run
de dudas en mi cabeza.

Si van vestidas de negro
serán fúnebres compañeras;
tendré que velarles la pena
e incinerar su presencia,
hasta poder alcanzar el sueño
que repare mis tinieblas.

Pasó de largo, sin verla

Pensó que tenía
unas piernas perfectas;
las figuró esculpidas en mármol
y resultaron de bruñido cuero
cuarteado y añejo.

Pensó que su cuerpo
solo exudaba belleza;
pero era barro seco,
después de la tormenta.

Pensó que su piel
era de marfil: tersa
y con tacto de seda;
pero los años la hacían lucir
macilenta y arrugada,
como camisa vieja.

Pensó que no había
nada mejor,
que como la imaginó
en su cabeza
y resultó ser superior.

Era de carne, de hueso
y de mirada serena;
era como una flor que se aja
cuando el frío se acerca,
pero que vuelve a florecer,
con una sonrisa presta,

con una palabra amable
o al sentir el cálido abrazo
como brisa en primavera.

Pensó que era una mujer diez,
pero era mil veces mejor,
aunque no por su apariencia;
mas su beldad no la podía ver,
porque nunca la miró,
tan solo la idealizó, soñándola
de la hermosura exterior
como la que se vende y desfila
por las pasarelas
y no como la que camina descalza
sintiendo la hierba fresca.

Cuando invade la rutina

Y después:
del deseo,
del insomnio,
del cosquilleo,
la mirada curiosa,
la risita a deshoras.

Y después:
de la primera palabra,
de observarse de frente,
de no negar lo evidente
y una vez la curiosidad
más que saciada.

¿Cuánto se tarda
en asentar la monotonía,
la costumbre de un beso,
la obligación de un abrazo,
la sonrisa impostada,
la palabra callada,
la esquiva mirada
y la desazón del alma?

¿Cómo hacer
quiebro a la rutina
y volver a amanecer
cada mañana,
como si fuese nueva la vida
y —de ella—
aún no se conociese nada?

Por siempre

Murmullos de un aire
que no mece el viento,
que estanca los males,
que crecen lamentos,
que reseca y quiebra,
porque no te veo
de carne, de hueso,
aun viviendo a gritos
un silencio eterno,
en toda mi mente,
por todo mi cuerpo.

¡Qué ágil el tiempo
cambiando la suerte!,
un día tu centro
hoy lejos pereces.

¡Qué lánguido el ánimo
después de perderte!
No hay tonos azules
pintando el orgullo
de poder tenerte.

Me empapo en el gris
que tizna mis labios
desde que no te beso,
desde que no te abrazo,
desde que no te veo
y aun perenne te extraño.

Desencuentros

Comenzó dando traspiés
al salir de su camino.
No hay zapatos en sus pies
ni abrigo para un corazón herido.

Desnudas quedaron las ganas
de volver a revivir
pasiones que suenan lejanas,
que solo vivieron en sí.

En el equipaje guardados:
un puñado de recuerdos,
los paseos de su mano
y en doble fondo escondido
un montoncito de versos,
para que nunca se olvide
lo efímero de los encuentros.

El cuidador olvidado

Atesora su recuerdo
un olvido inoportuno.
Desdibuja con el tiempo
las facciones, las palabras,
las personas que alumbraron
el camino a nuestro lado;
las vivencias, los fracasos
y las metas que alcanzamos.

Juntos fuimos de la mano
y su tacto me ha olvidado,
ya no queda en su retina
imágenes de mi pasado,
el presente ya se fue
mucho antes de alcanzarlo.

Ya no encuentro compañía
ni me esfuerzo perpetuando
en la mente que no habitan
los retazos ya borrados.

—No me mires a los ojos
con esa mira ida
que me parte cuán despojo
tu despiste de mi vida.

Mercenario

Fintaba con astucia el caballero,
rasgando el aire a estocadas.
Otrora, luchador y pendenciero,
que con orgullo sacrificaba,
a cuchillo o con su espada,
a multitud de sicarios,
al tiempo que descerrajaba
a improperios
—como si de trabuco
su boca tratara—.

Cual danza de pies sobre ascuas
de intercambios a sablazos,
sin tregua ni armisticio,
porfiaba al enemigo
que, en tierra tendido,
desahuciado desangraba.
Votando a Bríos,
ni santiguo ni rezo
por sus almas encomendaba,
y así tirados abandonaba
sin importarle si al cielo partían
o al infierno se inmolaban.

Hoy vaga por las calles
cuán mendigo:
tullido, cabizbajo,
desprovisto de fuerza,
de ilusión y de templanza;
aliviando la sombra

de la soledad y el olvido
a la par va equilibrando
en su mente la balanza
de lo que de su vida dio
y de ella se cobrara
dejando el arca vacía de riqueza;
más de refriegas, hazañas
y escaramuzas, bien colmada.[3]

3   Poema inspirado en el capitán Diego Alatriste, personaje principal de la película *Alatriste* de Agustín Díaz Yáñez.

Pirata por Corsario

Navegando en unas aguas
entre sirenas y bucaneros
se atisbó en el horizonte
un plateado delfín
que, con giros, saltos, piruetas
y su innata simpatía
se convirtió en la delicia
de tan selecto jardín.

Resultó ser el delfín
un avezado pirata
que amarrándose al timón
fue a navegar otros mares,
mas cuando subió la marea
el barco le zozobró.

Leído tenía a Espronceda,
haciendo suyas las rimas
al canto desgañitado:
«...ni tormenta, ni bonanza,
tu rumbo a torcer alcanza,
ni a sujetar tu valor.»[4]
y armándose de pericia
el barco desencalló.

Izando velas,
hinchó pecho
y a otros mares surcó.

---

4   Extracto de *La canción del pirata* de José de Espronceda.

Tiene el mástil bien erguido
las ganas no han flaqueado
y en su herrumbroso destino
otros peces ha pescado.

Ya se alaba su presteza
nadie duda de su gallardía
y se siente confiado
de ser el pirata más fiero
de todos los mares surcados.

Lo que no se dice...

Loa al otoño (guiño guiño)

¡Qué maravilla de otoño!
que me hace tener manos frías
y los pies se vuelven témpanos.

Que el pelo se llena de nudos,
que se enredan con el viento,
esos los que no se caen
ni amenazan con dejar
despojado mi cerebro.

¡Qué bucólico y bello otoño!
que con su manto de hojas
cubre caminos y cerros,
que sirven de resguardo
a las cacas de los perros.

Sin mentar la mojada hojarasca
que me hace patinar un buen trecho,
hasta dar con la nariz
o las posaderas por el suelo.

¡Qué encantador el otoño!
que los rayos del sol
me quedaron de recuerdo
y por las calles voy
alumbrándome con el mechero.

¡Qué plenitud el otoño!
que de nostálgica melancolía
me hace tiritar el cuerpo

y consigue estremecerme
desde el sentimiento
hasta el tuétano.

¡Qué lujazo es el otoño!
Para mí
la estación más bonita,
hasta poder disfrutar del invierno.

Repique de campanas

Tañen las campanas,
están sonando a deshoras,
se anuncia que hay temporal
o se ha desatado un fuego,
que con sus llamas todo devora.

Si se tratase de emergencia
sonarían con vehemencia
para que vuelen los vecinos
sin demora y con urgencia.

Y también, según las horas
llaman a la oración,
a rosario o calvario
o si con pesar son,
campanas de funerario.

Para distinguir al difunto:
si toca una es mujer,
para un hombre serán tres
y si es sacerdote cuatro.

Sonarán lánguidas,
de cadencia pausada,
alargando el sentir,
espaciando su sonido,
hasta que una no llegue a fin
no encontrará la siguiente su principio.

La lluvia también llora

Llora la lluvia
apenada y desamparada,
porque a ella nadie la acoja.

Siente su frío
y ella misma se moja.

Cuando se seca y muere,
casi nadie la añora.

Si le rezan y viene,
esperan que caiga poca,
pero si riada se vuelve
le imploran
porque les sobra.

Y tan poco se la quiere,
que ni de testigo de boda,
pues novia que sube al altar,
antes suele ofrendar
una docena de huevos
a las Clarisas de su ciudad,
así estas podrán rezar
para la lluvia espantar.

Bajo la carpa

Ya se escucha la fanfarria,
el circo al pueblo ha llegado,
corren los niños alegres
tras los titiriteros
persiguiéndoles el paso.

Entre danzas y colores
anuncian que han arribado
a aquel lugar sin igual,
para deleite
de quien se quiera acercar
sin límite de edad ni estado.

Llegan para mostrar
cómo obedece el león
ante un chasquido de látigo
y cómo de capaz el elefante
es para levantar,
con mucho aguante
de su trompa renqueante,
al forzudo grandullón.

Y no les van a contar,
porque el público
lo podrá contemplar,
cómo la joven funambulista
sabe disimular
que ya no teme caminar
sobre la cuerda floja suspendida
entre alambres y varillas

a un puñado de palmos
por encima de la pista.

El divertido payaso
ha camuflado,
bajo gruesas capas de pintura,
las penas del corazón,
preparado para la función.

El niño mira extasiado,
sus padres emocionados.
Cuando se apagan las luces
sueña entre sábanas blancas
y mullidos almohadones
que es un hábil malabarista
saludando a los espectadores
entre reverencias y felicitaciones.

Mientras el tragafuegos,
mira al cielo, a la intemperie,
imaginando su vida
feliz entre cuatro paredes.

Todos bajo una misma carpa,
todos una ilusión,
todos ven colores y luces,
pero no así para todos
tienen el mismo fulgor.

¡Niñas y niños,
señoras y caballeros,
acomódense en sus asientos

que comienza la función!

Disquisición al libro

¿Quién soy yo
para tenerte
entre mis manos
retenido?

¿Quién seré
para perderme
en tus renglones
arronjándome al destino
que en tus líneas
se haya escrito?

Dime, ¿quién
para vivir las fantasías
incapaz de imaginarlas
por mí mismo?

¿Quién
para buscar en tus palabras
la alegría, la congoja,
la ilusión, el miedo,
la subida hasta luna,
la caída a algún abismo?

¿Quién seré
para sentirme reina, madre,
padre, tío, nieto,
nuera, yerno,
hijo, primo,
cuñado, amigo,

rico, mendigo,
muerto o vivo...
cualquier papel
que le hayan otorgado
al protagonista de la historia
de este libro?

¿Y quién seré?
cuando sentada en el salón
disfruto de un rayo de sol,
de las mareas, los montes,
los países y lugares
a los que jamás viajaré
con mi equipaje
y de los que nunca compraré
ni guardaré ningún pasaje.

¿Y quién?,
sino ese anónimo
y ávido leedor
deseoso de sentir
la emoción, el temor,
el terror, la aventura,
la tensión, la angustia,
la empatía, el deseo,
el amor del autor
que te escribió
dejó encerrado
entre las guardas
y tapas de tu caparazón.

Dime, tú,
¿quién sería yo sin ti?
Piénsate,
¿qué sería de ti
sin mi yo lector?

Malas compañías

A veces el desvelo
las noches me custodia,
desterrando
de las esquinas de mi cama
a los cuatro angelitos
que descansaban
y haciendo de menos
a la Virgen María
que ya no me guarda.

Y los mismos miedos opinan
que Jesús, María y José
son muchos para compartir
mis humildes sábanas
y también los expulsa
a cajas destempladas,
sin rezos, alabanzas
ni plegarias.

En ocasiones la tempestad
a mi soledad corteja
y al fin no me siento olvidada,
pues tengo los miedos, la pugna,
los truenos y la tormenta
dando calor a mi espalda.
Y para el frío en los pies
echo la manta.

Ya puedo pasar las noches
acurrucada,

temblando de angustia,
de temores y dudas
bien acompañada.

Pasión

Libaron su esencia
lamiendo sus jugos,
juntando las bocas
más allá de lo impuro.

Tentaron su suerte,
apostando fuerte
por todo a quererse
y se prometieron
que sería por —siempre—.

Supieron amarse,
mirarse vestidos,
sentirse desnudos
y desear que el mundo
desapareciese,
siendo solo dos
los supervivientes.

Era más que amor,
era un baile de cuerpos
de lujuria y pasión;
despojando recelos,
ensanchando sonrisas,
sin permitirse pausas,
sin acelerar con prisas.

Era un juego de dos:
un embiste y afloja,
un resiste y empuja

y un «¡No pares! ¡NO!».

De la guerra y la miseria

No, no le busco razón
ni la quiero,
a la tierra seca,
a este cielo bruno,
a la desazón, al susto,
al temor, al miedo,
a la soledad de haber perdido
lo que ya no tengo,
un futuro en ciernes
con solo recuerdos.

Ya no tengo padres,
ya no tengo abuelos
y de mis hermanos
—que al frente partieron—
no sé qué fue de ellos.

Allá marchó mi marido
con los ojos llenos,
de rencor, de dudas,
como pies descalzos
sobre pinchos gruesos;
como ascuas negras,
rojas con el fuego.

Y acá está mi vientre,
seco como el viento,
lóbrego, vacío,
ya no hay esperanza
ni horizonte cierto,

solo sinsabor,
vacante de patria
y la fe ha muerto.

Ya lo perdí todo.
Yo ya nada espero.

Migración

Hablemos en posesivo,
cerremos nuestras fronteras
y al que resulte distinto
no traten de abrir la puerta.

No demos facilidades
ni mínimas oportunidades,
cada uno con su especie,
cada uno en su lugar,
no vayamos a mezclar
y esto se convierta
en tierra de igualdad.

No hagamos que mucha gente,
con sus distantes costumbres,
con sus usos tan distintos
y con variopintos ideales
puedan enriquecer nuestras mentes
y dejemos de disfrutar
de lo cerriles cobardes
que podemos vivir y estar.

Señalemos al diferente,
sin salirnos del redil
y si alguien quiere venir
que no ose demostrar
que el pan se viene a ganar
y a blasfemias y con injurias
tratemos de desarmar,
no vaya a ser

que nos pueda hacer cambiar
y lleguemos a comprender
que juntos se avanza más.

No absuelta

Me acojo al derecho
de quejarme por todo
y porque sí,
de patear el aire
gritándole al viento,
de mi mala suerte
y musitar lamentos.

Me acojo al derecho
de ahogarme
en un vaso de agua,
dar la callada
por respuesta
o escribir afrentas,
aunque a alguien alcance
y a todos ofenda.

Me acojo al derecho
de llorar mi rabia,
de morder mis puños
y maltratar con palabras.

Me acojo al derecho
de tragar un 'te quiero'
aunque en la garganta
se haga de hiel
si no lo suelto.

Me acojo al derecho
de regodearme en mis penas

que ya están agotadas
de tanto recreo.

Me acojo al derecho
de dar la espalda,
de secarme con rabia
las lágrimas hipadas.

Me acojo al derecho
de mirar de frente,
de reconocer que no es oro
lo que reluce al verte.

Me acojo al derecho,
pero no me absuelvo.

Baile de máscaras

Palpita
en cada latido que restalla
al solo chasquido de una mirada.

Enardece sus sentidos
al sutil susurro
del tacto de las manos
recorriendo los surcos
que la llevan a sentirse diosa
en el monte del Olimpo.

Como baile de máscaras
se derraman por los poros
las ganas de conocer
lo que sus caderas guardan
bajo el disfraz de gentil caballero
blandiendo su espada.

Beberse hasta la sangre
cual vampiro,
que si se ha de morir
que sea de amor enaltecido.

Y que la eternidad los encuentre
solazando entre gemidos.

A veces

A veces las heridas
sangran hacia dentro
y las lágrimas —no derramadas—
inundan el cerebro.

A veces las palabras
son alas de pensamientos
y otras son los labios
las que retienen su vuelo.

A veces las fantasías
hacen parecernos cuerdos
y es la realidad
la que nos lleva a perder el oremus.

A veces creemos tener
el mundo en un pañuelo
y el tiempo nos demuestra
que somos átomos del universo.

Sentir que se comienza a vivir
y morir sin remedio.

David de Miguel Ángel[5]

La primera vez que lo vi,
con natural gallardía,
allí en lo alto lucía
de cuerpo marmóreo y gentil.

Su gesto insolente y frío,
de bíceps bien definidos,
músculos con primor pulidos
y su miembro tan viril.

No sé qué gozo ofreciera,
que buena dicha sintiera
y en mi cuerpo sucumbiera
una desazón pueril.

5   Poema basado en la obra del *David* de Miguel Ángel.

Lo que digo...

Grito social

Rebosa la garganta el grito:
                    ¡YA BASTA!
clamor en mente colmada.

Hartazgo de marioneta
de sociedad carente de realidad,
oculta por hábiles manos
que, con agilidad, mueven los hilos.

Grito desde otero de difuso eco
que la multitud acalla
con vidas vacías de verdad
y viciadas de consumismo.

Grito inerte e incapaz
de atajar el curso de la ponzoña
vertida en cauce de río
del que abrevar, con la ingenuidad
que se supone de crío.

Grito arrepentido retorna silencio
formando parte del engranaje
que mueve el absurdo destino,
sin segar los hilos,
impelido a continuar, sumiso,
el marcado camino.

Hilvanando ideas

A puntadas ciegas
y con sigilo,
así se cosen las ideas.

Una puntada invisible
a menudo se muestra
bella y sensible.

Hay un hilo que las une
y un nudo que las enerva.
Las que se hilan de algodón
o las brillantes de seda.

Hay colores que resaltan,
las que se erigen por buenas;
el marrón les va de perlas,
para las que no destacan.
Existen puntadas sin hilo,
aquellas que a todo
y todos desprecian
y las puntadas pautadas
las preferidas por mentes
poco despiertas.

Hay puntadas de derecha
y las que marchan de izquierda,
que van arriba o abajo
según la mano que las recrea.

Hay ideas que son cadenetas,
que ayudan a bordar
la mejor de entre todas ellas;
y hay las que se dan sueltas,
que a casi nadie interesan.

Las puntadas
que se hacen largas
y las que de tan cortas
ni tan siquiera se piensan.

En la labor acabada
acostumbran a florecer
las zurcidas desde la calma
que como perfectas
se dan a conocer.

A pesar de todo

He remontado
montañas de barro
clavando los pies
en el cieno.

He traspasado
laderas y llanos
añorando el azul
de tu cielo.

He vadeado
un río encrespado
y nadado
en mares revueltos.

He traicionado
al sol y al ocaso
buscando la luz
en tu pecho.

He mancillado
la fe de mi credo
pensando en ti
como el ser más perfecto.

Y he comprendido
que un sueño se cumple
tan solo viviendo despierto,
con los pies en la tierra
y los ojos abiertos.

Y el destino llega:
lo busques,
lo acalles
o le tengas miedo.

La revancha del crepúsculo

A mordidas
de intensos rayos
el sol se eleva
y el crepúsculo
se desvanece.

Que indiferente
queda pensando:
  <<Te espero al anochecer,
    engullendo tu ocaso>>.

Envidia

Siento envidia
de esa ola
que abrazándose
a la roca
le desgarra su derrota
y la escupe y la atosiga
y con rabia se destroza.

Y la roca indulgente,
se mantiene erguida
y, en apariencia ausente,
sin dolerse la comprende.

Una vez más
y otra la recibe,
en cada envite más batiente
y otra vez
y hasta calmar su suerte
la deja desgastarse
sin hacerla contenerse.

Siento envidia
de esa mar
que después de tanta furia
se consigue aquietar
y como balsa de aceite, sutil
hace a los peces brincar;
y al bañista que en la orilla
se va dejando tentar,
se le aproxima y se retira,

hasta hacerlo zambullir
y con la ola ir a jugar.

Cae la noche
y el firmamento
extiende su manto de estrellas
sobre cama de coral.
Ya la ola ahíta y sola
se consigue apaciguar.

¡Ay! ¡Quién fuera ola!
y en su abrazo claudicar.

Poemas al viento: sin rumbo ni destino

Como si el verso
entendiese de estíos
y se pudiesen silenciar
los pesares.

Como si el grito
de la desolación
no retumbase en la mente,
desgarrando la pena
con su eco atronador
enaltecido.

Como si los fantasmas del verbo
solo asustasen
en las noches de tormenta,
invocando silencio.

No es plausible
contener la rima,
siendo menester liberar
la sangre de la herida
de un poema.

De ti
yo no espero consuelo.
De mí
tú no añores la ausencia.

Libre el poema
traspasando fronteras,

liberando versos
que no son de nadie,
permitiéndole forjar
su propio sino.

Enseñanza de vida

Da a veces la vida
giros inesperados
que se vuelven reveses,
cambios de tiempo,
de bando
y hasta de estado.

Da la vida guantazos
con la mano abierta
y silenciados.

Da la vida
enseñanzas duras
que aprendes
con la intención firme
y los puños apretados.

Da la vida lo malo
cuando lo que era tu bueno
se está marchando
y, al cabo, descubres
que ni aquello tan bueno
ni esto tan malo.

Da la vida consejos
que, aunque sean sabios,
uno no los comprende
estando a salvo.

Da la vida momentos,
que son llorados,
y al correr del tiempo
se miran desde otro ángulo
y sale una sonrisa
de recién licenciado
de las cosas malas
que la vida te ha dado
y al fin las celebras
ya titulado.

Musa de estío

Se me ha ido secando el verbo
en la comisura de unos labios resecos,
cansados de soltar palabras
como soflamas a un viento
que devuelve aire caliente, brumoso,
manteniendo apagado el entendimiento.

Se me han desordenado las letras
y no alcanzo a formar frases
que les sirvan de refresco.

Se me ha quemado el discurso
y agotado el intelecto.

Se me ha ido haciendo la noche
de cada día transcurrido
sin un derroche de versos.

La ilusión en fases

I. Pretensión

Al solo roce de tus pestañas
que impúdicas balancean el aire,
desnudas, sin máscaras
ni brillos artificiales,
capaces de bombear mi sangre
y hacer latir un corazón
arrinconado en un pecho
como nunca se expandió por nadie.

Figura tallada en mi mente
que te recuerda,
aun no estando presente,
capaz de ordenar que viva
con la mera *ilusión*
de volver a verte.

II. Acercamiento

Dubitativos pasos
se ciernen en torno a ti.
Mariposas incontrolables
en vuelo, que en libertad
van reclamando
atarse a tu cuerpo
y atender al deseo
de despertar su aleteo
en busca del roce de la carne.

Ilusión de este sueño
que cada día provoca
permanecer dormido
a la absurda idea
de no encontrarte en mi camino
y, desde él, transitarte.

III. Consolidación

Lascivo deseo
insaciable de sed
que a beber me lleva
una y otra vez,
queriendo volver
a la fuente que mana
de tu mente y tu cuerpo,
embriagando de lujuriosos
y fogosos besos
cada palmo de tu piel.

Será siempre
el futuro al que aspiro
este presente
en el que contemplarte de cerca
y compartir cada gota de vida,
porque si me alejara de ti
a la *ilusión* condenaría a morir.

IV. Despreocupación

Y ahora que tengo
colmado de ti mi cuerpo
y resuelto el enigma
de lo que es saciar contigo el hambre,
ya saboreados tus besos
y olfateado el reguero
de la esencia de tu carne.

Ahora que yaces dormida junto a mí
como si el apetito de ti
ya no fuese de nadie
y las mariposas anidasen en otra parte,
es ahora, que la *ilusión* se ha perdido
y no siento la necesidad de esforzarme
por seguir descubriendo tu lado salvaje,
cuando voy permitiendo al vacío
conquistar a este corazón cobarde.

V. Desconcierto

Inerme y sin persuasión
queda la letanía de mi llanto,
reducto de lamentos hueros
y palabras vanas
cosidas a versos sin esperanzas.

Aullido seco y sordo
a tu despistado interés por mi reclamo,
en mirada que ni de soslayo

acude a solazar la esperanza
de un encuentro.

Perdida queda la *ilusión*
y desabrigada en el arcén del tiempo,
mendiga la pasión que deshojó la flor
y la dejó sin pétalos.

Lo que escriben...

Espejismos

Duermevela la inquietud,
del rosal tardía se hace espina,
en esta primavera
que arrastra languidez
del dulce daño
—que los ocres llantos derramados
por la caricia perdida de su amado,
el amo del mundo...
        de su mundo—
hoy desgastado.

De aquel amor,
solo perviven cinco cartas
y una golondrina garabateada,
que sobre la mesa descansan.

Irremediablemente la pena
asemeja un mundo de siete pozos
como siete las vidas del gato
que gastó ocho.

Mascarilla y trébol,
dos farsas pirotécnicas
en explosión de poemas de amor,
de un amor de lo que fue,
como colofón al compendio
de poesías completas de desolación,
muertas de fe.[6]

---

6   Poema compuesto con los títulos de las obras de
Alfonsina Storni (1892-1938), poetisa y escritora argentina.

Deseo

En ocasiones me planteo
si pensarte sería asediarte,
cuando, ni en asunto de honor
ni con ánimo de ofender,
en mi mente desencadeno
un territorio comanche,
con la línea de fuego en la frontera
trazada entre tú y yo.

Sabiendo ——como sé——
que de tacto suave es tu piel
y recia como la del tambor,
al cabo no espero,
cometer ningún ultraje
que dé pie al sabotaje.

Si he de elegir,
mejor que un francotirador,
prefiero que el día de cólera
se pudiera resolver
con un tango bajo el sol
de Breda o de Flandes,
pero dejando patente
que no soy reina del Sur
ni tampoco de Levante
ni mis ojos son azules
ni se encuentra entre mis virtudes
ser capaz de pintar batallas
ni pretender desencadenarlas.

Y esto al final no será más
que una historia de España,
de tantas como se cuentan,
de tantas como se callan[7].

---

7   Poema compuesto con los títulos de las obras de
Arturo Pérez-Reverte (1951-), escritor, periodista y académico
español.

Profecías

En el palacio de la Medianoche
el príncipe de la Niebla implora,
con sus acuosos ojos,
que feliz el amor lo acoja.

Con su constante atención
e impelido ánimo,
la aya trata de calmar su pena:
con agua, una tisana
o una botella de ron
¡que al fin lo duerma!,
para que deje de atormentar,
con lloreras y quimeras.

Niebla, que así lo llaman
por su mágica transparencia,
resulta volátil y abrumador,
cansino y denso hasta la médula.

Sus padres reyes:
él, prisionero del cielo;
y ella, cargada de pena,
de tez blanca y un adiós por declamar,
desamparó la sangre de entre sus venas
y al laberinto de los espíritus
encomendó su condena.

Lo que a la aya le hizo pensar:
«Estos dos al purgatorio
se destierran, porque al hijo

no lo pueden aguantar».

Ambos aseguraban
que el niño era poseedor
de una personalidad marina:
creativo, sensible
y toquecitos de soñador.

Ante grandiosidades tales,
la aya acostumbraba a rezongar:
«Lo que a este chaval le pasa,
es que está falto de un pescozón,
que lo haga despabilar».

Con las luces de septiembre,
la sombra del viento se fue alargando
y el príncipe presentía
que la leyenda de Navidad
cumpliría su profecía.

Así refería:
«Si por la puerta no asoma
una señorita de Barcelona,
al cementerio de los Libros Olvidados,
los huesos del príncipe de Parnaso
irán a parar».

—Hombre gris, casi sin nombre
—susurró una mujer de vapor,
etérea como la bruma—,
he venido hasta esta tierra
a restañar tu entristecida ensoñación.

Como apocalipsis,
en dos minutos, Alicia
—que así se llamaba la dama—
al alba se apareció,
tal cual, como juego de ángel,
al aya en rosa de fuego transmutó
y al príncipe encandiló.[8]

---

8   Poema compuesto con los títulos de las obras de Carlos Ruiz Zafón (1964-2020), novelista español.

El ciclo de los días

Ha depuesto
sus armas el invierno
y la primavera arrasa
sobre la yerma estepa.

Pintando de colores
montañas y cerros
se adelantaron
floreciendo los almendros.

Cae por la ladera el agua.
Ya se derritió el hielo
de la nívea nieve,
de la nieve blanca.

Blanca como la luna
que alumbra y brilla en el cielo,
dueña del firmamento,
cuando la ciudad descansa.

Hasta llegar la aurora
eclipsando el paraíso de los negros:
las tinieblas, las tristezas y los miedos;
velando la crispada soledad,
que abarca en lo nocturno del hueco.

Tumba que la parca acoge,
ruina de grito hacia Roma,
donde convergen caminos
y el aire dirige con precisión

el vals en las ramas que danzan
sobre iglesia abandonada,
mientras el romancero gitano canta,
notas que la garganta rasga.

Se despide la otra ciudad sin sueño,
al despertar la madrugada,
cambiando el paisaje la multitud
que orina, vomita y canta,
en cada esquina, calleja o calzada.

Vuelta de paseo,
tras morirse la muerte
que asoló la noche,
el ciclo vivo de la naturaleza
con paso firme avanza.

La vaca abreva del río
de la fría agua
de la nívea nieve,
de la nieve blanca.

Ya resuena
el pequeño vals vienés.
El pequeño vals vienés
de la esperanza.

Y los niños juegan, ríen,
gritan, gozan y la alegría reviven,
hasta que el anochecer,
a ellos les venga a mecer
y retorne a hacer danzar

a las ánimas que se ahogan
y el romance de la pena negra
descompense la balanza.[9]

9   Poema compuesto con los títulos de las obras de Federico García Lorca (1898-1936), poeta, dramaturgo y prosista español. Adscrito a la generación del 27.

Velorio

Solo me hallo,
ante el féretro de mi amada;
casi sin lágrimas,
de las muchas derramadas.
Seco de arrojo
y sin palabras en la garganta.

Claro lo tengo,
por pocos que me queden,
unos cien años de soledad
en esta casa me aguardan.

Tañido de la mala hora
que me anda arrebatando
la templanza.

En cada esquina moran recuerdos.
Aquí comenzó todo, con la promesa:
        «En agosto nos vemos»,
en triste despedida, de lánguida mirada.

Afligidos quedan mis días,
rememorando aquellos no desprovistos de miedo
y, aun así, cargados de amor
en los tiempos del cólera de mi sufrido Macondo.

Suenan murmullos
y a su paso me silban,
que el coronel ya no tiene quien le escriba.

Entre la hojarasca de sentimientos,
lúgubre la primavera,
retoña el otoño del patriarca.

Velo en nicho del amor
y otros demonios,
ensalzando la memoria
de mis putas tristes ganas;
ruge plegaria
a fin de alterar la crónica
de una muerte anunciada
siendo yo al que velan
o por quien callan.[10]

10   Poema compuesto con los títulos de las obras de
Gabriel García Márquez (1927-2014), escritor, guionista,
editor de libros y periodista colombiano.

Pájara pinta

Un mal sueño me lleva
hasta el caserón de la loca,
donde la pájara pinta se muestra
con los brazos desiertos
y las alas rotas.

«Me crece la barba
y se me caen las plumas»,
gime y llora, escondida en una caja,
triste y sola como isla ignota.

Por todo y nada asustada
presiente que la razón
le dará la espalda
e implora al cocinero distraído,
ni tiro ni veneno ni navaja.

Tal guisandero,
al verla senil y abandonada,
de la boca se hace agua
y a cocinar se prepara.

Ya se ve separando la carcasa
de la amarillenta carne, resecada,
con sal y pimienta salteada
de versos fritos una sartenada.

Aspira servir un banque
a la ardilla y su pandilla;
a los tres tristes tigres

con trigo, pero sin carne
para engordar su ombligo;
y al dragón tragón,
que todo lo quema
con su vozarrón.

Van pasando los meses
y la oca loca grita
«así soy yo,
la pájara pinta».

Y la gata chundarata diserta
que el camello cojito
dio alguna sustancia
psicotrópica, a su primita,
la oca loquita.

Pío, pío Lope, el pollito miope
al ver tan azorada a la pájara pinta,
a saltitos, arriba a la mansión de los Plaff,
en la que residen las tres reinas magas
y en cuya torreta ondea la cometa blanca.

La momia no sale a la puerta
por estar acatarrada
y el hada acaramelada,
con un pirulí por vara,
trata de persuadir a la princesa
que quiere ser pobre,
para que mejor se transforme
en Coleta la poeta,
una mujer de verso en pecho

y de rima inquieta.

Se dispone a buscar el conjuro
en el libro loco,
con ayuda del abecedario de don Hilario,
donde guarda hechizos
de todo un poco y vaticina
que el de «cómo atar los bigotes del tigre»,
quizá la pueda ayudar.

El pollito miope insiste
«deben visitar
a la desplumada pájara pinta».
Y el perro que no sabía ladrar,
también grita, pero nadie responde
porque su ladrido se disipa
como las lecciones de Candelita
en el colegio del fondo del mar.

Pobre pájara pinta,
que si nadie rectifica
en la olla gringa
se va a emulsionar.

Ya ven qué tontería
me dio por soñar.[11]

---

11   Poema compuesto con los títulos de las obras de Gloria Fuertes (1917-1998), poetisa española incluida en la generación del 50.

Madurando la niñez

Respiro mi niñez por cada poro
y en mi presente pervive la esencia,
la textura y el aroma de bálsamo,
para piel de manzana,
con el que me untaban
desde los pies y hasta la cara.

Aún, mirándome al espejo
llego a contemplar en su reflejo
cómo se me despeinan los cabellos
con sus líneas plata entreveradas,
que van surgiendo.

Como lo hace el viento batiendo el aire
al grácil aleteo que la paloma desata
al despegar el vuelo,
canción infantil, que el oído rescata.

Y me encuentro en la madurez,
ahora que no tengo 20 años
y que hace más de 20 que tengo 20
y en tránsito me hallo
por adicionar otros 20 más 20,
latiendo con la fuerza
y la extensión de esa mar
que me vio nacer;
mi Mediterráneo.

Me siento a horcajadas,
entre acordes de la rima

del romanticismo de un Machado
y de la vida, amor y muerte
de un Hernández que dijo
de la poesía:
«es una bella mentira fingida».

Como fiera utopía
de una sociedad dañada
en la que cada loco con su tema
va poniendo versos en la boca,
canciones que serán
la banda sonora de un tiempo,
de un país… y ¿por qué no?,
hasta de un idiota.

Así, tal como sale,
porque no nos engañemos,
nadie es perfecto
y menos yo que me considero
hijo de la luz y de la sombra.[12]

---

12   Poema compuesto con los títulos de las obras de Joan Manuel Serrat (1943-), cantante, compositor, actor, escritor, poeta y guitarrista español.

Tango caligrafiado

No queda discusión posible
ni duda ni lenguaje callado
ni inquisiciones o disquisiciones
capaces de arrebatarle el arte.

Poética de dos cuerpos,
encierra el círculo secreto
que hace conjunto
de sus dos mitades.

Danzantes: estables, seguros,
con la fuerza y consistencia
de la moneda de hierro,
la cifra ajustada al fervor de Buenos Aires.

Atlas de dos entidades
escribiendo sobre libro de arena
que no disipa el aire.

Fantasías memorables,
cuerpo a cuerpo,
compartiendo la pasión
por un baile.
    ~Ese baile~

El TANGO,
en mayúscula danza,
única e inigualable.

El aprendizaje del escritor,
que durante siete noches
rasga papel a pluma
con trazos de pie sobre suelo
y filigrana de tacón volante.

Entre los labios pende,
la rosa profunda,
briosa de olor, sin espinas,
de encarnados pétalos
y de oculto estambre.

El idioma de los argentinos
rotulado con movimientos
de florituras sensuales.[13]

---

13   Poema compuesto con los títulos de las obras de Jorge Luis Borges (1899-1986), escritor, poeta, ensayista y traductor argentino.

Nación

Tan solo me restan
unos versos sencillos
para honrar a esta tierra.

Versos libres,
como la enseñanza de un 10 de octubre
que a cincel y piedra talla
la Estatua de la Libertad.

Un gran hogar
donde la tierra fértil abunda;
con ojos abiertos y gargantas secas;
arrancando el aire la estrofa
que el tintero aguarda,
para esculpir a pluma
el poema ¡A Cuba! de la edad de oro,
aún por versar.
Nube roja,
allá en el cielo,
cuando los caminadores
del trote al paso avanzan,
amanece y es fragor
hasta que el galope atronador
enardece la esperanza.

La gran nevada se esparce
sobre el jardín de las orquídeas
y como en el mejor teatro en Nueva York,
refulge la rosa de bronce encendida
y responde a: ¿Qué es el amor?

sino el polvo de alas de mariposa
que glorifica la tierra
donde crece la blanca flor
que reluce, hoja por hoja
y del germen, que de ella brota,
nacerá otra flor
que dará color y vida a la nación.

Y es que el amor
con amor se paga,
flores del destierro,
que la tierra araña.[14]

---

14 Poema compuesto con los títulos de las obras de José Martí (1853-1895), poeta, ensayista, periodista y filósofo cubano.

Amor pretérito

Tiempo nublado,
de paisaje nevado
en la primavera,
que recién despierta,
a este lado del charco.

Pesada piedra de sol
sobre mi páramo.
Como única salida
el laberinto de la soledad
que tensa el arco y la lira,
tocando acordes del pasado
en claro que torna a blanco,
convirtiendo el ogro filantrópico,
de mi apariencia esclavo,
en el mono gramático
que con poemas
suelta la rienda
a la austera pena.

Releo con denuedo
las cartas a Helena,
que en pasado envié
y a mi presente vienen de vuelta
con lazo escarlata
bien amarradas;
perfumadas de amor
y de impaciencia,
del que hoy solo queda
olor a carta vieja.

Y le lloro lágrimas
a la extinta llama doble
de aquel querer
que hoy a dolor reclama.

Por cada letra una gota
y rúbrica de suspiro
tras la posdata.

Sueño en libertad
bajo palabra
de trazo desnuda,
figura y figuraciones de itinerario;
por la estación violenta,
que hace fuerte a la rama
—prendida árbol adentro—
en afán de arrancar pasiones
y sentimiento,
como las peras del olmo,
infausto esfuerzo.[15]

---

15 Poema compuesto con los títulos de las obras de
Octavio Paz (1914-1998), poeta y ensayista mexicano.

Por el ímpetu del agua

Lo que el pájaro bebe en la fuente
y no es el agua
es la inquina que mana del caño
después de la riada.

Conjuros al cielo
y semillas para un cuerpo
que hagan que broten en calma
nuevos sentimientos
hacia los que secos y apoltronados
a la otra orilla de la crecida
venden lógica borrosa
de la tierra prometida
que bochornosa
suena a ciénaga sin esperanza.

En sus ropas
no hay barro ni hay miseria,
leve polvo de avispas
que con apatía avientan
y ellos mismos van mezclando
con la baba del caracol
que sus pútridas bocas genera.

Rasa quedó la razón
estética contra el arte
y otras imposturas
capaces de disfrazar matanza
en crimen perfecto
que no asume dueño.

Y los días pasan,
tal cual menguando
avanzan las semanas,
quedan las voces en duelo,
fúnebre esperanza,
de lo que en un principio era el hambre,
hoy la herida en la lengua incita
a morir la blasfemia en la garganta.

La compasión difícil de digerir,
balbuceos tristes
de perspectiva despojada.
Martilleo de desolación
que a la mente aprieta
e incertidumbre inquieta:
¿es posible un mundo sin violencia,
cuando la violencia de la naturaleza
arrasa con el árbol de la vida
hoy cercenada?

Matar a Platón y sus ideas.
Arrasar con los entes absolutos,
inmutables y universales
capaces de decidir sin discernir,
siguiendo hilos paralelos
al plano físico
donde habitan los mortales.[16]

---

16   Poema compuesto con los títulos de las obras de
Chantal Maillard (1951-), poeta y filósofa española nacida
en Bélgica e inspirado en los efectos de la catástrofe ambiental
causada por la DANA que comenzó el 29 de octubre de 2024
al este de España.

Amor enemigo

Al pie del arpa llanera
un cantaclaro
improvisa una copla.

La brizna de paja en el viento
voltea en el aire
siguiendo la estrofa,
que narra la rebelión
y otros cuentos
entre la doncella
y el último patriota.

Pobre negro destino,
que tiembla de pasión
y ruge como el motor,
que entre las ruinas
arrancó la trepadora,
rasgando tierra bajo los pies,
para conquistar el amor de aquel
que se cruzó en su camino.

Dos aventureros
predestinados a enfrentar
los ídolos de la nación
al capricho del corazón encendido.

El milagro del año no fue
haber querido poseer,
más bien resultó ser
haber sido capaz

de dejar marchar al forastero,
que quiso emprender su sino,
decidido a continuar
dejando atrás a la chiquilla
y a su corazón malherido.

Las estrellas sobre el barranco
dejaron de titilar
y en la hora menguada
retumbó la nota,
cerrando el paréntesis;
con sus almas cegadas,
la ciudad muerta,
al son que el piano viejo
cesó su quejido. [17]

---

17   Poema compuesto con los títulos de las obras de
Rómulo Gallegos (1884-1969), novelista venezolano.

Al final

A modo de historia de novela,
me siento observado
por el ángel que ocioso
no me guarda.

Tengo la mirada puesta
en el crepitar de la hoguera
de mis vanidades
y como niño perdido en el tiempo
y en el río de mi azarosa vida,
sigo en busca de una puerta
que no encuentro.

Tal vez no fue fabricada
o lo fue de red y roca,
que se antoja, difícil de franquear.

Ya nunca podré regresar
al hogar que un día
me hizo sentir seguro.

Hoy, no suena la lluvia tras el cristal
ni el viento mece las hojas
ni se escuchan pájaros trinar
y las nubes ausentes
no mandan mensajes
escondidos en sus formas.

Solo,
como el tacto que deja
la orgullosa hermana muerte.[18]

---

18   Poema compuesto con los títulos de las obras de
Thomas Wolfe (1900-1938), escritor estadounidense.

Agradecimientos

A todos los que desde que *El ciclo de mis días* vio la luz han dedicado su tiempo a leerlo, comentarlo, reseñarlo, bloguearlo y/o alentarme a seguir escribiendo.

Cada reseña hecha pública ayuda a dar visibilidad, para que otros lectores lleguen a las obras.

Cada comentario privado, anima y se tiene en cuenta.

A todos los que me han pedido que hiciese realidad este poemario.

A todos los que, aun declarándose ajenos a este género, han decidido adentrarse en mis poemas y han llegado hasta aquí.

A todos los que de alguna forma y de cualquier manera me ayudan e incitan a que dé una vuelta a cada palabra, cada verso, cada poema, hasta que resulte mejor. Gracias, Una, eres única retándome para tratar de superarme cada día.

Y muy especialmente a Andrea y Mer, editoras de este libro, por hacerlo posible. Y a Lily, la ilustradora de la portada.

A todos y a cada uno, GRACIAS.

Epílogo

Son muchos los lectores, habituales o esporádicos, que acostumbran a manifestarse no aficionados a la poesía. Reconozco que apenas hace muy pocos años yo tampoco lo era y, desde entonces hasta hoy, no solo he comenzado a escribirla, sino que además la leo con mayor frecuencia.

Desde mis primeros, y aún torpes, pasos a través de la lectura, tuve la suerte de acercarme a la poesía gracias a antologías: de Antonio Machado para niños y a las cargadas de fantasía de Gloria Fuertes; después fueron viniendo muchos otros: Lorca, Benedetti, Campoamor; una versión de Antonio Machado más adulta y con menor ímpetu también me acerqué a la poesía de su hermano Manuel; continué con Neruda, Bécquer, Miguel Hernández, Larra; más recientemente, y no por menos conocidos menos disfrutados: Francisco Santos Muñoz Rico, Carlos Tejero... y tantos otros que harían de esta lista una relación tan farragosa como innecesaria, que me enseñaron a disfrutarla. Algunos de ellos por elección propia, otros fueron viniendo a través de la formación académica y, no pocos, lo hicieron por recomendaciones de aquí y allá.

No ha sido hasta que he comenzado a formar mis propias composiciones, cuando he entendido realmente todo lo que abarca y las infinitas maneras de expresión que admite.

Decir «no me gusta la poesía» sería como expresar «no me gusta el arte» y permítame dudar que no haya algún estilo artístico: renacimiento, barroco, impresionismo, cubismo, pop art... o cualquier otro, capaz de despertarle algún sentimiento ante su contemplación.

Mi intención al aglutinar la selección de poesía presente en el libro es dar la oportunidad al lector indeciso de descubrir la que más se acerque a su gusto, la que le conmueva, la que le haga pensar, sentir. También cabe la posibilidad de que ningún verso consiga el fin esperado, si es así, no tengo por menos que pedirle disculpas por haber agotado parte de su tiempo con mi idea loca, pero le pido que no lo dé todo por perdido, ¡siga buscando! Estoy completamente segura de que, como en el arte, está expresado su confort en forma de poema en algún sitio.

Para tratar de alcanzar mi objetivo, he divido el poemario en cinco apartados y cada uno de ellos está compuesto por 13 poemas. Igual se está preguntando por qué ese número tradicionalmente asociado a la mala suerte, pero en realidad en numerología representa el cambio y la transformación, que es lo que, como ya he ido expresando, busco. Esa visión capaz de hacerle replantear y ser capaz de modular la afirmación «no me gusta la poesía», así como concordar conmigo en que los adjetivos: mala o buena, antepuestos a la suerte, no son más que una etiqueta.

«Lo que escribo» permitirá conocerme mejor (a los que se acercan por primera vez) o reconocerme (a los que se mantienen a una distancia prudente de mis propios pasos). Un apartado de carácter intimista y liberador durante su creación, con toques de lo estrujado y lo exprimido a lo largo de mi vida. En «Lo que se dice» he querido dar cabida a otras voces que han llegado a mí a través de los sentidos: lo que veo, lo que oigo, lo que entiendo.

Al margen de lo que se dice está «Lo que no se dice», lo incómodo a la vista, lo inclasificable, lo curioso, lo desconocido, de lo que no se habla o se hace poco, lo inconcreto, lo que nace y muere en el pensamiento y evita ser expresado.

Y como opinar de todo está a la orden del día, se sepa o no de lo que se habla, no podría faltar «Lo que digo» de lo que me rodea y conforma mi mundo, lo que me mueve y me conmueve. Como rebelde que me considero, en este apartado encontrará una pequeña trampa, ya que si comprueba el índice solo contiene 9 poemas, pero es que el último está compuesto de cinco, uno para cada una de las fases de la *ilusión*.

Y, para finalizar, con «Lo que escriben» propongo un juego. Cada una de las historias está creada a partir de los títulos de las obras de diferentes artistas, que tendrá que descubrir. Como en los crucigramas, al final de cada una encontrará la solución. Si después de haber pasado por los 65 poemas finaliza con una sonrisa de satisfacción esa será, para mí, una suerte etiquetada y clasificada para el montón de las buenas.

Índice

Nota de la autora   **11**

La suerte   13

Lo que escribo…   **15**
Soy   17
In memoriam   18
Deambulando   20
A prueba   22
Los *ahoras* desfasados   24
Alegría   26
A la deriva   28
Solo yo   30
Empatizo con…   31
El tiempo   33
Tengo   35
Cuando llega la duda   36
Ya no soy   38

Lo que se dice…   **41**

Estado civil: cobarde   43
Desánimo   45
Luna vencida   47
Desengaño   48
El reencuentro   50
El desvelo   52
Pasó de largo, sin verla   53
Cuando invade la rutina   55
Por siempre   56

Desencuentros   57
El cuidador olvidado   58
Mercenario   59
Pirata por Corsario   61

Lo que no se dice...   **65**

Loa al otoño (guiño guiño)   67
Repique de campanas   69
La lluvia también llora   70
Bajo la carpa   71
Disquisición al libro   74
Malas compañías   77
Pasión   79
De la guerra y la miseria   81
Migración   83
No absuelta   85
Baile de máscaras   87
A veces   88
David de Miguel Ángel   89

Lo que digo...   **91**

Grito social   93
Hilvanando ideas   94
A pesar de todo   96
La revancha del crepúsculo   98
Envidia   99
Poemas al viento: sin rumbo ni destino   101
Enseñanza de vida   103
Musa de estío   105
La ilusión en fases   106

Lo que escriben...   111

Espejismos   113
Deseo   114
Profecías   116
El ciclo de los días   119
Velorio   122
Pájara pinta   124
Madurando la niñez   127
Tango caligrafiado   129
Nación   131
Amor pretérito   133
Por el ímpetu del agua   135
Amor enemigo   137
Al final   139

Agradecimientos   143

Epílogo   145

TODOS LOS DERECHOS RESERVADOS.

NO SE PERMITE LA REPRODUCCIÓN TOTAL O PARCIAL DE ESTE LIBRO, NI SU INCOR-
PORACIÓN A UN SISTEMA INFORMÁTICO, NI SU TRANSMISIÓN EN CUALQUIER
FORMA O POR CUALQUIER MEDIO SEA ESTE ELECTRÓNICO, MECÁNICO, POR
FOTOCOPIA, POR GRABACIÓN U OTROS MÉTODOS SIN EL PERMISO PREVIO Y POR
ESCRITO DEL EDITOR.